Découvrez l'histoire par les archives de presse

RETRONEWS

Le site de presse de la BnF

www.retronews.fr

BULLETIN PAROISSIAL
DE
SAINT GERMAIN EN LAYE

NOTRE PAROISSE

I — Le Clergé Paroissial.

Jours de réception et Direction des Œuvres

M. l'Abbé L. DUCHEMIN, Curé-Doyen de Saint-Germain-en-Laye, Chanoine honoraire de Versailles, a la direction générale de toutes les Œuvres paroissiales.

Il reçoit : *à l'Eglise*, le matin, après la Messe de 8 heures, excepté *le lundi* et le *mardi* ; — *au Presbytère*, les mardis, 4ᵉ excepté, de 2 à 5 heures ; — le mercredi et le samedi, de 11 heures à 11 h. 1/2.

M. l'Abbé Coüard, Directeur des Œuvres de Jeunes filles, Aumônier de l'Institut d'Enseignement libre.

Il reçoit *au Presbytère*, le jeudi, de 2 h. à 4 h.

M. l'Abbé Lebourg, Directeur des Œuvres de persévérance de Jeunes Gens, reçoit *au Presbytère* le vendredi, de 2 h. à 5 h.

M. l'Abbé Lequais, Directeur des Œuvres de Jeunes filles, Aumônier du Collège de Jeunes Filles, Aumônier de la L. P. D. F.

M. l'Abbé Marquer, Aumônier du Collège de Garçons, Vicaire chargé des Fonds Saint-Léger.

M. l'Abbé Mazier, Vicaire auxiliaire, rue Saint-Pierre, 19, chargé des mariages, Aumônier de l'Orphelinat des Garçons.

Jours de garde

MM. les Vicaires prennent la garde une semaine entière, à tour de rôle, du Dimanche au Dimanche, 6 heures du matin. Le **Vicaire de semaine** reste en permanence à l'Eglise ou au Presbytère, pour les confessions, baptêmes, malades et autres services paroissiaux.

II — Sacrements.

Baptême. — Ne pas différer le baptême des enfants au delà de *trois* jours.

Quand l'enfant a été ondoyé dans une Eglise autre que celle de la Paroisse, on doit présenter un acte d'ondoiement. *Cette pièce est de rigueur.*

Se présenter à la Sacristie, le dimanche de 2 h. à 4 h. — Pendant la semaine, avertir le Vicaire de semaine.

Les parents sont priés d'apporter le livret de famille.

Ondoiement. — On ne peut ondoyer à domicile qu'en cas de maladie grave.

A défaut de ce motif sérieux, il est nécessaire d'en solliciter la permission auprès de Monseigneur l'Evêque pour ondoyer à l'Eglise ou à domicile.

Mariage. — Avant la célébration du mariage, (sauf les cas très particuliers et avec dispense de l'Evêché), *trois publications* sont nécessaires dans la Paroisse de chacun des deux futurs.

Pour faire publier les bans, il faut présenter :
1º L'acte de baptême du futur ;
2º L'acte de baptême de la future ;
(Ces 2 actes doivent être délivrés dans les trois mois qui précèdent la première publication).

Si l'un ou l'autre des fiancés, ou l'un et l'autre ont été baptisés dans l'Eglise paroissiale où doit avoir lieu la célébration du mariage, l'acte de baptême n'est pas nécessaire ; il suffit d'en indiquer la date.

3º Se procurer l'acte de décès du premier conjoint, si l'un ou l'autre a déjà été marié ;

4º Indiquer très exactement l'adresse des futurs. Pour tous renseignements complémentaires, cérémonie religieuse, dispenses, etc., s'adresser à l'Eglise les lundi, Jeudi et Samedi de 9 h. 1/2 à 11 h. 1/2.

Dans le temps de l'Avent ou du Carême, il n'est fait aucune célébration de mariage, sans une dispense de l'Evêché.

Dispense de bans (chacun)...... 2 fr. 10
Dispense de temps prohibé...... 3 fr. 10
Certificat de publications de bans. 2 fr. »

Confession. — Tous les jours, le vicaire de semaine se tient à la disposition des fidèles pour entendre les Confessions, le matin de 6 h. 1/2 à 9 heures ; le soir de 4 h. 1/2 à 5 h. 1/2.

Tous les prêtres de la Paroisse confessent les samedis de 4 heures à 7 heures, et de 8 h. 1/2 à 9 h. 1/2 du soir; les dimanches à partir de 6 h. du matin ; les veilles de fêtes toute la journée.

Consulter, d'autre part, les indications à la porte des confessionaux.

Confessions en langue étrangère. — M. l'abbé Arqué, en Anglais, le samedi de 2 h. à 4 h., à l'Eglise ou 8, rue d'Alsace.

M. l'abbé Pion, en Allemand, tous les jours à 8 h. 1/2. Le samedi de 4 h. à 7 h.

Sacrements des malades. — *En conscience,* appeler le prêtre dès le premier danger.

S'adresser : de 6 h. du matin à 5 h. 1/2 du soir à la Sacristie ; de 5 h. 1/2 du soir à 6 h. du matin au Presbytère.

La nuit. — Sonnette de nuit (bouton électrique) près de la porte du Concierge du Presbytère, 4, place du Château.

III — Le denier du Culte.

Le Denier du Culte oblige tous les catholiques, *en conscience*, selon les moyens de chacun :

1º La quête à domicile est faite chaque année par des dames quêteuses, spécialement désignées et munies d'une lettre signée de M. le Curé.

Toutefois, les fidèles pourront remettre leur offrande directement à M. le Curé ou à MM. les Vicaires à l'Eglise et au Presbytère ;

2° Le produit de ces quêtes sert à fournir aux membres du clergé le traitement que l'Etat leur assurait avant la séparation et *les sommes en sont versées à l'Evêché,* sauf *indication particulière faite par le donateur ;*

3° Les quêtes faites à l'Eglise reviennent en totalité à la Paroisse pour son entretien.

IV — Offices ordinaires.
Chaque Dimanche.

6 h., messe, instruction.
7 h., 7 h. 1/2, messes basses.
8 h., messe des enfants.
9 h., messe des hommes.

10 h., grand'messe.
11 h. 1/2, dernière messe basse.
2 h. 1/2, Vêpres, Salut du Saint-Sacrement.

Chaque Semaine

Tous les jours
6 h. en été, 6 h. 1/2 en hiver, première messe.
7 h., 7 h. 1/2, 8 h., 8 h. 1/2 9 h., messes basses.
Les seules messes de 6 h. ou 6 h. 1/2, 7 h., 8 h. et 9 h. sont assurées, les autres messes pouvant être supprimées en raison du service paroissial.

5 h., Chapelet, lecture spirituelle et bénédiction du St-Sacrement.

Tous les jeudis
9 h., messe du Très Saint-Sacrement.
10 h. 1/2, messe des catéchismes.
4 h. 1/4, Rosaire.
5 h., Salut du Saint-Sacrement.

Chaque Mois.

1er *dimanche :* 7 h. 3/4, messe de communion générale des Enfants de Marie, Instruction. Procession de la Ste-Vierge, après Vêpres.
2e *dimanche :* 6 h. messe de communion générale des Associées de l'Œuvre de Ste-Marthe des Domestiques. Instruction. Après vêpres, bénédiction du (Toutes ces réunions du matin se font à la chapelle Saint-Anne).

Saint-Sacrement, cantique, conférence.
3e *dimanche :* 7 h. 3/4, messe de communion générale des Associées des Saints-Anges. Instruction. Après vêpres procession du Très Saint-Sacrement.
4e *dimanche ;* 7 h. 3/4, messe de communion générale des Associés de St-Louis de Gonzagues. Instruction.

1er *lundi,* à 8 h., messe pour les défunts de la paroisse.
Mercredi précédant le 3e jeudi : 8 h., messe de la Confrérie du Très St-Sacrement, Instruction par M. le Curé et bénédiction.
3e *jeudi,* adoration mensuelle. A 6 h., exposition du Saint-Sacrement, première messe avec chants; à 4 h. 1/4, récitation du rosaire ; à 4 h. 1/2, cantique, sermon, salut.
1er *vendredi,* réunion de

la Confrérie du Sacré-Cœur ; à 8 h., messe, instruction, amende honorable ; à 5 h., Salut.
4e *mercredi,* 8 h., messe de la Ligue patriotique des Françaises. Instruction.
2e *samedi,* à 8 h., messe pour la Confrérie du Rosaire vivant.
Aux fêtes fixées, 8 h., chapelle Sainte-Anne, messe des Mères chrétiennes. Instruction et bénédiction du Saint-Sacrement.

V — Ecoles Paroissiales.

Ecole Saint-Augustin.
Ecole de garçons, 39, rue Grande-Fontaine.
Directeur : M. Granet.

Ecole Sainte-Marie.
Ecole de filles, 5, rue d'Hennemont.
Directrice : Mlle Julia Besnier.

Institut d'Enseignement libre (externat et internat) *pour jeunes filles,* 42, rue Voltaire.
Directrice : Mlle Guerrier.

VI — Secrétariat Cantonal

Office social du Canton de Saint-Germain-en-Laye, 9, rue Armagis. — Renseignements, Correspondance, Recherches, Placement **gratuit,** Bibliothèque, Prêt de livres, ouvert le dimanche matin de 10 h. à 11 h. 1/2, le mardi et le vendredi de 9 h. 1/2 à 11 h. 1/2, le jeudi soir à 8 h. 1/2.

VII — Congrégations et Œuvres de Charité.

1° **Sœurs de Saint-Vincent-de-Paul.**
Hôpital-Hospice, rue Baronne-Gérard, 93, rue de Pologne ; 6, rue d'Ourches.
Aumônier : M. l'abbé Champonnois, 101, rue de Pologne.
Orphelinat de Jeunes filles. Les enfants y sont admises à l'âge de 6 ans au moins et de 12 ans au plus.
Crèche pour les petits enfants, 99, rue de Pologne. Ouverte de 7 h. du matin, à 7 h. du soir. O fr. 10 par jour. Présidente : Mme V. Moisson.
Orphelinat de Jeunes garçons, 10, rue de Lorraine. Les enfants y sont admis depuis l'âge de 6 ans et sont envoyés à l'école Saint-Augustin jusqu'à l'âge de 13 ans.

2° **Religieuses hospitalières de Saint Thomas de Villeneuve,** 15, rue des Louviers.
Aumônier : M. l'abbé Bailleul.

3° **Religieuses Augustines,** place de Mantes. Maison de santé pour les personnes malades, convalescentes, âgées ou infirmes.
Aumônier : M. l'abbé Wintz.

4° **Sœurs du Bon Secours de Troyes,** 6, rue Louis IX. Pour le soin et la garde des malades.
Aumônier : *M. le Curé.*

5° **Religieuses Carmélites,** 31, rue de la Villette.
Aumônier : M. l'abbé Lommaie.

6° **Sœurs Franciscaines de Calais,** 89, rue de Poissy. Soins des malades. Orphelinat de jeunes filles. Dames pensionnaires.
Aumônier : le chanoine Besse.

VIII — Œuvres Paroissiales et Confréries.

A) Œuvres d'Hommes et de Jeunes Gens.

Centre d'œuvres catholiques, comité d'action, rue Armagis, 9-11. Président : *M. le Curé-Doyen.*
1° *Association Saint Louis de Gonzague* pour les jeunes gens.
2° *Patronage des Garçons.* Réunion à l'Ecole Saint Augustin. *Le Trait d'Union.* Autorisé par arrêté préfectoral. Directeur : M. l'abbé Lebourg.

BULLETIN PAROISSIAL

de Saint-Germain-en-Laye

Organe de l'Association Catholique et des Œuvres

Paraissant tous les Mois.

La Basilique de Montmartre : son Ame

L'auteur des Origines du Mois de Marie en France, *avec une bonne grâce dont nous ne saurions trop le remercier, réalise dès maintenant les espérances que nous avions conçues. Il vient d'écrire pour le* Bulletin *un article tout de circonstance, puisqu'il s'agit dans ce mois consacré au Sacré-Cœur, de la* Basilique de Montmartre, *sanctuaire si fréquenté de cette consolante dévotion. Nos lecteurs retrouveront dans ce nouvel article l'esprit de foi ardent et généreux d'une âme élevée qui aime son Dieu... et la France.*   *L. D.*

Les pensées se tournent vers Montmartre, sa Basilique nous appelle, cette Basilique qui est comme un joyau superbe au front de la capitale. Néanmoins, toute splendide qu'elle est, à ne la considérer que matériellement, elle resterait chose inerte, un vaste et riche édifice en pierre. Mais elle possède une âme, une âme composée d'une multitude d'âmes dont l'action embrasse le monde entier. Ces âmes prient et adorent, ici ou ailleurs, mais toujours en union avec celles qui sont présentes à Montmartre. De là, cette âme collective dont nous parlons, qui anime la Basilique, qui en rayonne. Elle envoie, par ses différentes associations, des courants de vie spirituelle à travers le monde.

La première de ces associations dans l'ordre du temps est celle du Cœur de Jésus, fondée par le Cardinal Guibert en 1877 et érigée en archiconfrérie par SS. Léon XIII. Elle a donné naissance à une autre de toute importance, celle de l'Adoration perpétuelle du Saint-Sacrement On peut considérer cette dernière comme le centre lumineux du grand mouvement de dévotion au Sacré-Cœur dont la Basilique de Montmartre est le siège. Elle compte ses membres par milliers et par milliers multipliés. On prie et adore à Montmartre en union avec d'autres fidèles qui, animés des mêmes sentiments se prosternent devant d'autres tabernacles, de près comme de loin, quelquefois même dans les provinces les plus reculées de la France.

Les provinces les plus reculées de la France ! Ce n'est pas assez dire.

On pourrait ajouter que l'on prie avec d'autres âmes qui habitent en Angleterre, en Amérique, en Afrique, en Asie, car l'Association-mère et ses divers rameaux s'étendent par le monde entier

On prie le jour, on prie la nuit, mais l'adoration nocturne est réservée exclusivement aux hommes.

Qu'il se trouve des cœurs de femmes pour se dévouer à cette œuvre silencieuse d'adoration réparatrice, il n'y a pas à s'en étonner ; mais que Paris, ville impie sous tant de rapports, envoie des hommes nombreux adorer dans la Basilique de Montmartre, voilà ce qui pourrait nous surprendre au premier abord. C'est une confirmation pourtant de la parole du Cardinal Guibert que Paris — la Babylone moderne — contient une Jérusalem.

Les adorateurs de nuit comptent dans leurs rangs des hommes du monde ; mais la plupart de ceux qui gravissent la colline de Montmartre pour passer la nuit dans la Basilique, sont de condition modeste et souvent des hommes rompus par le labeur de la journée.

Il y a quelque chose de très viril, de très fort, de très beau dans ces veillées d'hommes devant le Saint-Sacrement exposé, tandis que le monde dort et repose tout autour.

Et quelquefois des grâces signalées en sont la récompense.

Voici un fait qui se passa du temps du Révérend Père E. Thiriet, le dernier des chapelains-oblats de Montmartre.

M. Louis Lehembre, premier organisateur des Pèlerinages de Tourcoing à Montmartre, pourrait nous dire que, dans une circonstance mémorable, il arracha au ciel la guérison d'une mourante. La femme d'un de ses amis se trouvait malade et à la dernière extrémité. M. Lehembre dit à cet ami : « Je vais à Paris passer la nuit à la Basilique de Montmartre, et toi, tu vas me promettre de te convertir et de te mettre en prière avec nous. Si nous prions, ta femme guérira, je te le promets ! »

Celui qui parla ainsi arriva à Paris vers huit heures, se dirigea tout de suite vers Montmartre et commença sa nuit à la Basilique. Vers onze heures, il reçut une dépêche qui disait : « Malade à peu près guérie ». Animé de cette foi dont parle l'Evangile, foi qui soulève les montagnes, M. Lehembre prend la dépêche, la dépose au pied de l'autel et dit ensuite : « Seigneur, ce n'est pas à peu près qu'il nous faut, c'est une guérison complète que nous voulons ». Et il se remit à prier, les bras en croix, jusqu'au matin. Les adorateurs qui l'entourent, entraînés par son exemple, s'unissent à lui pour faire violence au ciel.

En rentrant à Tourcoing le lendemain, ce fervent chrétien se dirigea tout de suite vers la maison de son ami et trouva cette maison dans la joie, car celle dont on avait attendu la mort était complètement, radicalement guérie. Ce fait est un des plus éclatants de ce genre enregistrés dans les annales de la Basilique. C'est un exemple admirable et un encouragement précieux pour développer l'esprit de prière, la foi et l'amour au cœur Sacré de Jésus pendant tout ce mois de juin.

Bernard Saint John.

AVIS ET NOUVELLES

LA QUÊTE ANNUELLE AU PROFIT DES ÉCOLES LIBRES DE LA PAROISSE se fera cette année, le dimanche 5 juillet.

Elle est bien nécessaire et il importe qu'elle soit fructueuse pour assurer le bon fonctionnement de ces écoles dont le budget est très lourd et qui, à l'exemple du budget de l'Etat, a une tendance à se solder en déficit. Les catholiques de Saint-Germain sauront, une fois de plus, se montrer **généreux** et en donnant largement aux **Dames quêteuses**, qui veulent bien leur tendre la main, ils ôteront à leur curé un de ses plus gros soucis. **Merci d'avance !**

LA QUÊTE DE LA GRANDE CONFÉRENCE DE SAINT-VINCENT DE PAUL précédera celle des Ecoles. Elle est fixée au dimanche 21 juin. Le **Bulletin** fait des vœux pour que les pauvres puissent profiter du succès de cette fête. Les **Membres de la Conférence** l'attendent avec impatience pour combler leur caisse à peu près vide.

LA FÊTE DE L'ADORATION PERPÉTUELLE aura lieu, comme les années précédentes, le 29 juin, qui tombe un lundi. Elle sera précédée d'un *Triduum*, dont le Prédicateur sera M. l'abbé Bouvier.

Ce *Triduum* s'ouvrira le **jeudi 25 juin**, à 4 heures 1/2. (Voir le calendrier du mois précédent).

La Grand'Messe de l'adoration sera probablement chantée par M. l'Abbé **Chatain**, jeune prêtre du diocèse de Grenoble, petit-fils de Mme E. Seure et neveu de M. et de Mme Steckel.

M. L'ABBÉ ROBERT DUCLOS, incorporé au diocèse de Meaux, vient de recevoir l'ordre sacré du Sous-Diaconat. Il est appelé à recevoir le Diaconat le 29 juin et nous espérons qu'il sera prêtre à l'ordination de Noël. Nous nous réjouissons avec lui et avec sa famille de ces heureuses nouvelles.

L'OFFICE SOCIAL ou **SECRÉTARIAT CANTONAL**, fondé en 1913, 9, rue Armagis, est **absolument gratuit** et est destiné surtout à aider la **classe ouvrière**.

Ce n'est pas une agence de placement ordinaire, encore moins un Bureau de Bienfaisance.

C'est un **Office de Renseignements** où les employés, ouvriers, etc., trouveront toutes les indications nécessaires pour la recherche d'un emploi, la solution d'une difficulté, l'application pratique d'une loi (Retraites ouvrières, secours aux familles nombreuses, aux femmes en couches, lois militaires, habitations à bon marché, etc...)

Sans chercher aucunement à remplacer les officiers ministériels, le Secrétariat offre ses services comme intermédiaire, pour indiquer aux intéressés la meilleur marche à suivre et à arriver le plus rapidement possible à la solution d'une question.

Il est ouvert le mardi et le vendredi matin de 9 h. 1/2 à 11 h. 1/2, et le dimanche de 10 h. à 11 h. 1/2.

LES EXAMENS DIOCÉSAINS auront lieu le jeudi 18 juin pour les **Certificats d'Etudes** et le jeudi 2 juillet pour l'**Instruction Religieuse**.

Ces deux jours-là, à 8 heures, messe à l'église pour tous les candidats de la ville ou du canton.

VICAIRES DE SEMAINE. — Du 28 juin au 5 juillet, M. l'abbé Marquer ; du 5 au 12 juillet, M. l'abbé Mazier ; du 12 au 19 juillet, M. l'abbé Lebourg ; du 19 au 26 juillet, M. l'abbé Marquer.

ÉTAT PAROISSIAL
Mai 1914

Ont été régénérés dans les eaux du Baptême :

Marius Pécoil, Georgette Persyn, Lucien-Eugène Rayer, Georges-Eugène Cailler, Madeleine Fafiotte, Yvonne-Eugénie Delisle, Suzanne Moutiers, Marguerite-Valentine Olive, Robert Chazard, Renée-Marie Pique, Odette Hully, Germaine-Marie Pithois, Jean-Marcel de Saint-Denis, Edouard Mathieu, Emilie Chevalier, Serge-Emile Petkovsek, Henriette Chevalier, Marie-Françoise Kervégant, Andrée Rufflin, Denise-Marcelle Harmoniaux, Jean Giraudon, Madeleine-Raymonde Villeneuve, Pierre-Albert Letourneur, Georgette Gesset, Georges-Marcel Lenoir, Benjamin-Georges Bontemps, Henri-Jean Cassabois, André-Léon Dufour, Germaine François, Claude-Léon Lenoir, Simone Dehaumont, Odette Barker, Maurice Penven, Hélène-Germaine Jolly, Pierre-Alexandre Boulais, Henriette-Charlotte Beslu, Marguerite Broglin, Simone Raymond.

A l'Hôpital, *5 baptêmes.*

Ont été unis devant Dieu :

Elie Billiémaz et Marie Bidet, François Renof et Marie-Augustine Lenoël, Désiré-René Claudel et Lydie-Marie Turquet, Georges-Eugène Roumilly et Angèle Aguttes, Victor Dufour et Léontine Wagner, Jules Pivron et Charlotte Madeleine Sauty.

N'oublions pas nos morts !
Sont parus devant Dieu avec les honneurs de la Sépulture chrétienne :

Léon Renard, 82 ans ; Aglaë-Hortense Adde, veuve Denis, 73 ; Charlotte-Antoinette Joanny, 19 ans ; enfant Robert-Jules Prévost, 21 mois ; Sophie-Marie-Elise Even, 14 ans ; Marie Virot, femme Granchette, 38 ans ; Marie-Joséphine Sicault, veuve Sicault, 59 ans ; Marguerite Sèvres, femme Bouriquot, 59 ans ; Louise Amant, 73 ans ; Marie-Louise Le Bonnin, femme Piard, 29 ans ; Paul Veysseyre, 39 ans ; Joseph-Marie Renault, 29 ans ; enfant Jeanne-Eugénie Hervé, 8 mois ; enfant Suzanne-Marie Loche, 10 mois ; Etienne-François Petit, 52 ans ; Alphonse Woelfflé, 75 ans.

Nous recommandons également aux prières de nos lecteurs :

Mme Gabriel Masle, née Marie-Adèle-Julie Beuzeville, fille de M. et Mme Beuzeville, d'Ecquevilly et nièce de Mme Renault, décédée le 7 mai, dans sa 39e année.

Mme Georges Hyart, née Sophie Grody, tante de M. Cartier, sous-intendant militaire en retraite, officier de la Légion d'honneur et de Mme Cartier, décédée à Lyons-la-Forêt.

A l'Hôpital, *29 convois.*

Ont offert le Pain bénit :

3 mai. — M. le comte et Mme la comtesse de Persan, 1, rue d'Alsace.
10 id — M. le baron et Mme la baronne Dufour, 1, rue Thiers.
21 id — Mme Jolly, 8, rue Voltaire.
31 id — Mme de Croisilles, 32, rue de Lorraine.

CALENDRIER DU MOIS

Juillet

Mercredi 1er. — *Commémoraison de tous les Saints Papes.*

Jeudi 2. — *Visitation de la Sainte Vierge.* — A 9 h., Messe solennelle devant le Saint Sacrement exposé. — A 4 h. 1/4, Récitation du Rosaire. — A 5 h., Salut.

Vendredi 3. — Saint Léon II, pape, (*1er vendredi du mois*). — A 8 heures, Réunion mensuelle de la Confrérie du Sacré-Cœur, Recommandations, Messe et Instruction par M. le Directeur et Amende honorable. — A 5 h., Salut.

Samedi 4. — Saint Martial, évêque de Limoges.

Dimanche 5. — Vᵉ Dimanche après la Pentecôte. — *Fête du précieux sang de Notre Seigneur* et **Solennité de la fête des Apôtres Saint Pierre et Saint Paul.** — A 7 h. 3/4, dans la chapelle Sainte Anne, Réunion mensuelle de l'Association des Enfants de Marie, Messe, Instruction par M. le Directeur et Bénédiction du Saint Sacrement. — A tous les offices, *grande quête annuelle* pour les *Ecoles libres de la Paroisse.*

Lundi 6. — Octave des SS. Apôtres.

Mardi 7. — Les SS. Cyrille et Méthode, évêques.

Mercredi 8. — Sainte Elisabeth, reine de Portugal, veuve.

Jeudi 9. — *Notre Dame des Prodiges.* — A 9 h., Messe solennelle devant le Saint Sacrement exposé. — A 4 h. 1/4, Récitation du Rosaire. — A 5 heures, Salut.

Vendredi 10. — Les Sept Frères, martyrs.

Samedi 11. — Saint Thibaut, abbé des Vaux-de-Cernay. — A 8 h., Messe pour la Confrérie du Rosaire, vivant.

Dimanche 12. — VIᵉ Dimanche après la Pentecôte. — A 6 h., dans la chapelle Sainte Anne, Réunion mensuelle de l'Association de Sainte Marthe des Domestiques, Messe et Instruction par M. le Curé.

Lundi 13. — Sainte Anaclet, pape et martyr.

Mardi 14. — Saint Bonaventure, évêque et docteur.

Mercredi 15. — Saint Henri, empereur d'Allemagne. — A 8 h., Messe pour la Confrérie du Saint Sacrement. Instruction par M. le Curé.

Jeudi 16. — *Notre Dame du Mont Carmel.* — Adoration mensuelle. — A 6 h., Exposition du Saint Sacrement et 1ʳᵉ Messe avec chants. — A 9 h., Messe solennelle. — A 4 h., Récitation du Rosaire. — A 4 h. 1/2, Chant d'un Cantique, Sermon et Salut Solennel. — Après le Salut, à la chapelle de la Sainte Vierge, imposition du Saint Scapulaire aux personnes qui désirent le recevoir.

Vendredi 17. — Saint Alexis, confesseur.

Samedi 18. — Saint Camille de Lellis, fondateur des Ministres des Infirmes, Patron des Hôpitaux et des Malades.

Dimanche 19. — VIIᵉ après la Pentecôte. — Mémoire de Saint Vincent de Paul, Patron de toutes les Associations de Charité en France. — A 7 h., Messe pour les Conférences de Saint Vincent de Paul de la Paroisse. — A tous les offices, M. le *Chanoine Lagier* parlera et fera la quête pour *les Ecoles d'Orient.*

Lundi 20. — Saint Jérôme Emilien, confesseur. — Mémoire de Sainte Marguerite, vierge et martyre.

Mardi 21. — Saint Clair, martyr. — Mémoire de Sainte Praxède, vierge.

Mercredi 22. — *Sainte Marie Madeleine, pénitente.* — A 8 h., dans la chapelle Sainte Anne, Messe pour la Ligue Patriotique des Françaises, Instruction par M. l'abbé Lequais.

Jeudi 23. — Saint Apollinaire, évêque et martyr. — A 9 h., Messe solennelle devant le Saint Sacrement exposé. — A 4 h. 1/4, Récitation. — A 5 h., Salut.

Vendredi 24. — (Vigile de Saint Jacques, apôtre). — *Commémoraison de tous les Saints du Diocèse.* — Mémoire de Sainte Christine, vierge et martyre.

Samedi 25. — Saint Jacques, apôtre. — Mémoire de Saint Christophe.

Dimanche 26. — VIIIe Dimanche après la Pentecôte. Sainte Anne, mère de la Sainte Vierge. — A 6 h., dans la chapelle Sainte Anne, Réunion de l'Association de Sainte Marthe des Domestiques pour sa fête patronale. — A 7 h. 3/4, dans la chapelle, Réunion mensuelle de l'Association des Jeunes Gens de Saint Louis de Gonzague, Messe et Instruction par M. le Directeur.

Lundi 27. — Saint Pantaléon, martyr. — (Toutes les messes seront dites dans la chapelle Sainte Anne). — A 9 h., Réunion de l'Association des Mères chrétiennes, Recommandations, Messe et Instruction par M. le Curé. — A 5 h., Salut. A la messe de 9 h. et au salut, la quête sera faite pour les prix des enfants de la Maîtrise.

Mardi 28. — Les SS. Nazaire, Celse et ses compagnons, martyrs.

Mercredi 29. — *Sainte Marthe, hôtesse du Sauveur.* — Mémoire des SS. Félix et de ses compagnons, martyrs.

Jeudi 30. — Saint-Germain, évêque d'Auxerre. Mémoire des SS. Abdon et Sennen, martyrs persans. — A 9 heures, Messe solennelle devant le Saint Sacrement exposé. — A 4 h. 1/4, Récitation du Rosaire. — A 5 h., Salut.

Vendredi 31. — Saint Ignace de Loyola, fondateur de la Compagnie de Jésus. — Mémoire de Saint Loup, évêque de Troyes.

Pendant le mois de juillet, les messes pourront être dites en *noir* les 3, 8, 10, 13, 15, 17, 27 et 28.

Programme Musical de la Solennité de l'Adoration Perpétuelle

qui sera exécuté par la Maîtrise Paroissiale
sous la direction de M. E. PANNESAY, Maître de Chapelle

A 10 heures
MESSE en mi bémol, de Th. DUBOIS
SOLI, CHŒURS ET ORCHESTRE

A 3 heures
VÊPRES SOLENNELLES et COMPLIES
Le soir, à 8 h. 1/2, avant le sermon

Cantique de J. Racine ...... Fauré

SALUT

Quam dilecta tabernacula .... Ch. GOUNOD
Solo de baryton avec chœur, violon,
violoncelle et orgue.

Ave Maria, chœur .... C. FRANCK

Tu es Petrus, chœur avec grand orgue alterné. Th. DUBOIS

Procession du Saint-Sacrement - Chant du « Te Deum »

Tantum ergo, chant populaire.

Tollite-Hostias, chœur.................... SAINT-SAENS

CHAPELLE DES FRANCISCAINES

CONCERT SPIRITUEL

Donné par la Chorale Franciscaine

Le MARDI 23 JUIN 1914, à 3 heures et demie

SOUS LA PRÉSIDENCE DE

M. le Chanoine LEBLANC, Vicaire Général

PREMIÈRE PARTIE

Le Choral « **Levez-vous, ô Vierges Sages** »   Philippe Nicolaï.
    Deuxième paraphrase de J.-S. Bach.   1556-1608.
        Unisson de voix de femmes.

Duetto de la **Cantate de Pâques**..........   J.-S. Bach.
    « *Denn du wirst meine seele nicht.* »
        Pour voix de femmes.

Rédemption............................   C. Franck.
    Chœur des Anges, air de l'Archange.
        Chœur à trois voix égales, Solo de soprano.
    Mme André SOUDIN.

DEUXIÈME PARTIE

Choix de Pièces **Grégoriennes,** selon l'interprétation rythmique de **M. Georges HOUDARD.**

ALLOCUTION PAR M. LE CHANOINE LHOUMEAU

a) *Domine, tu mihi lavas pedes,* antienne V^e du *Lavement des Pieds,* le Jeudi-Saint.
    Chœur et solo.

b) *Miserere mihi Domine,* introït du Mardi de la Semaine de la Passion.
    Chœur avec verset-solo, et reprise.

c) *Ab occultis meis,* Communion de la Feria II du IVe Dimanche de Carême.
    Solo.

d) *Alleluia* **Pascha Nostrum** du Saint Jour de Pâques.
    Chœur et solo.

e) *Adorna thalamum,* antienne de procession pour la Fête de la *Purification* de la Sainte Vierge.
    Chœur.

Deus noster, refugium...................   J.-Ph. Rameau.
    Solo.   1683-1764.
    Mme André SOUDIN.

SALUT SOLENNEL

Benedictus .... Mouton.
    (Sans l'*Hosannah*) de la Messe *Alma*   1516.
    Redemptoris.
        Chœur. *A capella.*

Beatam me dicent...................... A. Alain.
    Chœur à trois voix de femmes avec orgue.

Tu es Petrus............................ A. Alain.
    Chœur pour trois voix de femmes.
      A capella.

Tantum ergo Sacramentum.............. D.-Ch. Planchet.
    Chœur pour trois voix de femmes, avec orgue.

Chœur final de la **Cantate de Noël**........ J.-S. Bach.
    A trois voix de femmes, avec orgue.

SORTIE

Finale de la **Symphonie Gothique**......... Ch.-M. Widor.

On fera bien de se procurer des cartes d'entrée un peu d'avance. Quelques cartes seront mises à la disposition de M. Mirvault et de Mme Chénot, libraires.

DANS LA PAROISSE

NOS FÊTES

La Fête de la Bienheureuse Jeanne d'Arc

Cette année, pour la seule raison d'économie, aucune affiche n'avait été apposée pour annoncer la fête de la *Grande Française*. Malgré cette absence de réclame, les drapeaux et les oriflammes ont été plus nombreux que jamais aux fenêtres et, pour la messe de 9 heures, l'église était comble. Decidément, l'*idée* de Jeanne d'Arc est bien entrée dans les esprits et dans les cœurs et, au milieu des incohérences des notre temps, des ruines morales qui s'amoncellent de toutes part, la vaillante Pucelle apparaît réellement, même aux plus indifférents et aux plus découragés, comme l'étoile qui brille dans la nuit comme le rayon de soleil qui dissipe les nuits orageuses.

C'est une constatation qui se fait partout et qui est rassurante pour l'avenir de notre chère Patrie *que Dieu veut*, nous l'espérons, *reconstruire.*

Un journal peu suspect, le *Matin* lui-même, écrivait le lendemain du 24 mai : « La fête de Jeanne d'Arc est à tout jamais inscrite au calendrier patriotique du peuple francais. »

Soyons fiers de notre héroïne et rangeons-nous autour de la bannière pour y puiser cette énergie et cette foi qui nous permettront de réagir contre le matérialisme envahissant et démoralisateur.

A Saint-Germain, la Bienheureuse Jeanne fut dignement célébrée. Admirables et entraînants furent les chants exécutés par la maîtrise et plus merveilleux encore le panégyrique très littéraire et très délicat donné par M. l'abbé F. Chavanet, en de superbes envolées oratoires qui firent passer dans l'immense assistance un long frisson patriotique.

L'*Hymne à l'Etendard*, avec solo de l'artiste apprécié qu'est M. Barré, fut brillamment enlevé, ainsi que le très bel offertoire joué par la fanfare du *T. U.* La « Jeanne d'Arc », notre enviée société de gymnastique, se trouvait dans le chœur avec son drapeau et, après la cérémonie, un cortège formé par toutes les œuvres de persévérance de jeunes gens, tambours, clairons et musique en tête, sous la direction de M. l'abbé Lebourg, parcourut la ville aux applaudissements de la population.

La Première Communion

Le soir même de la fête de Jeanne d'Arc, et sous les auspices de la Bienheureuse s'ouvrait la retraite de la Première Communion. Le prédicateur, M. l'abbé Chavanet, curé de Mirmande, au diocèse de Valence, sut plaire aux enfants par ses instructions touchantes, simples et élevées à la fois, agrémentées de traits historiques qui rendaient la doctrine plus frappante et plus vivante en même temps.

Le recueillement fut parfait pendant les trois jours de cette retraite et jamais les enfants, au nombre de 420, ne furent plus sages et plus attentifs. Les renouvelants et les renouvelantes par leur bonne attitude donnaient l'exemple à leurs petits camarades et leurs jeunes compagnes.

Le jeudi 28 mai eut lieu la solennité de la Première Communion. Remarquable par la piété et la ferveur des communiants, cette cérémonie avait attiré à l'Eglise une foule considérable. Dès 8 heures, l'Eglise était bondée et c'est dans le silence générale que la procession traditionnelle traversa la place du Château au chant du cantique bien connu :

> *Troupe innocente*
> *D'enfants chéris des cieux.*

L'office se déroula suivant le cérémonial ordinaire. Avant la Communion, M. le Curé dans une touchante allocution, exhorta une dernière fois les enfants à recevoir avec foi, confiance et amour le divin Jésus qui se donnait à eux.

A cet heureux moment, qui leur rappelait le doux et impérissable souvenir de leur première Communion, où ils étaient témoins du bonheur de leurs chers enfants, bien des parents ne purent retenir leur émotion et leurs yeux se mouillèrent de larmes.

Aux Vêpres, l'affluence était plus grande encore que le matin et la longue procession du renouvellement des vœux du Baptême avait peine à se frayer un passage dans les nefs latérales.

La partie musicale ne laissa rien à désirer et les artistes qui se firent entendre rendirent bien dans leurs chants harmonieux les sentiments qui animaient tous les cœurs.

Le même jour, la Première Communion avait lieu pour les orphelines de Saint-Thomas de Villeneuve et des Religieuses franciscaines.

La Clôture du Mois de Marie

Le lendemain soir, avait lieu la clôture du mois de Marie. Chez nous, en particulier, les fêtes Mariales ont le don d'attirer aux pieds de la Vierge-Marie une foule choisie de fidèles. Aussi, quand l'orateur, M. Chavanet, monta en chaire, il retrouva presque l'auditoire de la Première Communion. La procession se déroula ravissante au chant du cantique de Lourdes et au retour, les jeunes filles des Confréries et les enfants se groupèrent dans le chœur, devant la statue de la Reine du Ciel. La maîtrise entonna le beau cantique « Vierge Sainte, acceptez ces fleurs » et à la reprise du refrain, les fillettes couronnées de roses brandissaient leurs bouquets de fleurs vers la Sainte-Vierge comme pour les lui mieux offrir.

M. le curé lut ensuite l'acte de consécration à Marie et le salut très solennel exécuté par la maîtrise paroissiale, termina cette fête gracieuse et touchante.

La Première Communion à l'Institut

Favorisée par un temps délicieux et idéal, la cérémonie de la Première Communion dans la Chapelle de l'Institut d'Enseignement libre se déroula dans le plus ravissant décor, le jeudi 4 juin. Comme les années précédentes, tout y fut parfait : recueillement, piété, chants, organisation. Les familles très nombreuses furent certainement impressionnées par le charme céleste qui se dégageait de ce milieu si chrétien et emportèrent un doux souvenir de ces fêtes si édifiantes. Les enfants, bien préparées déjà par leur cher et dévoué Directeur de catéchisme, avaient profité aussi de l'excellente et suave retraite que leur avait prêchée un saint et zélé missionnaire. Mme Langlois, fondatrice et ancienne directrice de la maison, avait aimablement répondu à l'invitation que lui avaient adressée et Mlle Guerrier et les parents des communiants, et avait bien voulu venir prier pour ces chères fillettes dont elle avait commencé l'éducation et qui n'avaient pas oublié ses sages leçons et sa maternelle sollicitude.

La Confirmation

Le lundi 8 juin, Monseigneur l'Evêque est venu administrer le Sacrement de Confirmation à près de quatre cents enfants de la Ville et des Paroisses voisines.

Par le nombre de confirmants, ce fut une imposante cérémonie où tout s'est passé avec ordre et piété.

M. l'abbé Châtelain, le sympathique nouveau curé de Chambourcy, remercia Monseigneur l'Evêque d'honorer chaque année de sa visite la Paroisse de Saint-Germain et fit mention avec éloges de deux œuvres récemment organisées : l'Office Social et le Groupe de Cheminots Catholiques. En réponse, Monseigneur adressa un témoignage de sa satisfaction et de ses encouragements à la Paroisse, à son Pasteur et à tout son clergé, puis aux enfants très attentifs formula ce dernier vœu : que dans quinze ans l'on puisse répondre que 10 sur 100 seront fidèles et que dans l'âme des autres l'ont ait réussi à laisser un germe de remords.

Sur l'invitation de M. le Curé, Monseigneur accepta de bénir la nouvelle statue de Saint-Pierre, don généreux fait à l'Eglise.

Dans l'après-midi, les religieuses de Saint-Thomas de Villeneuve, les religieuses Augustines, les Sœurs de l'Hôpital et l'Institut d'Enseignement libre furent très honorés de recevoir Monseigneur. Merci au premier Chef du Diocèse qui apporta ses meilleurs bénédictions aux âmes consacrées à Dieu et au service du prochain.

DANS LES ŒUVRES

Mutualité Versaillaise

Les membres de cette société donnaient, le jour de l'Ascension, une séance récréative et artistique à la salle des Œuvres, 9, rue Armagis.

Deux séances semblables avaient obtenu la semaine précédente un vif succès. Cette troisième devait en être le couronnement.

Au lever du rideau, *L'Election de Madame Robineau*, comédie en un acte de Marie Vernet, mit l'auditoire en gaieté et fut vivement applaudie. Mais tous les éloges doivent naturellement aller à la tragédie de Racine, jouée d'une impeccable manière par les jeunes filles de la paroisse.

Esther, Mlle Céline Louis, fut une reine d'une grâce touchante, incomparable ; Mlle Mertz, dans le rôle difficile d'Assuérus, sut être un roi majestueux et digne sans perdre un instant son charme habituel, Mlle Lucie Tullat déclama parfaitement les jolis vers d'Elise ; Mlle Y. Biard fut un Mardochée plein de noblesse ; Mlle G. Louis, presque trop aimable et gracieuse dans le rôle d'Aman. Mlle G. X., dans Hydaspe, fut un flatteur séduisant ; Mlle Marthe Zeller, fut un Azaph, onctueux et doux et Mlle Leredulier fut la sage et prudente Zarès. Mlles M. Fouquet, Suzanne Hémon, Andrée Simon, Suzanne Keyzlar, Suzanne Jonte, secondèrent du reste parfaitement leurs compagnes, et les chœurs, soutenus par la belle voix très ample de Mlle Yvonne Berlemont, apportèrent leur charme délicieux, augmentant l'éclat déjà brillant de la pièce.

Certes, nous nous associons aux félicitations adressées par M. l'abbé Coüard à toutes les personnes qui ont contribué aux succès des diverses représentations, aux artistes dont les noms figurent au pro-gramme, aux personnes qui ont aidé aux répétitions telles que : M. l'abbé Lequais, qui mit à contribution son dévouement toujours sans fin en voulant bien diriger le chant ; Mlles de la Rochette et de Thannberg qui exercèrent pour la diction, aux accompagnateurs distingués qui ont été M. Berlemont et Mlle Rebardet, à M. Favréaux qui, depuis le commencement des répétitions, a mis gracieusement un piano à la disposition des artistes, etc., etc.

Nous oublions, certes, beaucoup de noms dans cette énumération et nous croyons que M. l'abbé Coüard peut garder pour lui une part des remerciements adressés aux autres personnes. N'oublions pas de citer Mlle Remy, la présidente de la section dont tout le monde connaît le zèle et le dévouement.

Nous avons cependant un regret à exprimer, c'est que Mlle de la Rochette ne nous ait pas gratifié d'une de ces délicieuses poésies, comme elle l'avait fait dans les deux précédentes représentations : qu'elle sut dire avec tant de grâce *Barabbas* et *La Toilette des Condamnés*, mêlant le geste noble à la plus grande simplicité, en un mot avec un talent des plus remarquables.

Mais il ne faut pas perdre de vue que cette partie récréative, quelque jolie qu'elle ait été, ne fut qu'accessoire et il faut savoir que le but pratique de ces réunions était de faire connaître l'œuvre de la Mutualité Versaillaise. C'est ce que M. le vicomte de Vaussay a expliqué dans sa causerie que nous reproduisons ci-dessous :

« Mesdames, Mesdemoiselles,

« Mlle Remy, qui s'occupe ici avec beaucoup de zèle de la Mutualité, m'a prié de venir un instant vous parler de cette œuvre. Je profite d'un entr'acte de la très jolie pièce que vous venez d'entendre et je vais en quelques mots vous dire ce que c'est que la Mutualité et pourquoi vous avez intérêt à vous y faire inscrire.

« Je vais m'adresser surtout aux enfants, très nombreux dans cette salle ; je dirai ensuite quelques paroles aux mères de famille.

« Qu'est-ce qu'une mutualité ? C'est tout simplement une réunion, un groupement de gens qui, courant les mêmes risques, veulent s'associer pour parer à ces risques ; par exemple, je suppose qu'un certain nombre de gens veulent se garantir contre la maladie, ils forment un groupement, une mutualité contre les risques de la maladie. De même qu'il existe l'assurance contre l'incendie, contre les accidents, le vol, etc., il en existe contre ces deux fléaux de l'humanité qu'on appelle la vieillesse et la maladie, c'est de celle-là que je vais vous parler.

« Pourquoi faut-il être mutualiste, se garantir contre la maladie ? On y a intérêt pour plusieurs raisons.

« La première, c'est qu'on ne peut jamais dire : « Je ne serai « jamais malade. »

« Peu de personnes échappent complètement aux maladies, et, en supposant que celles-ci soient très rares, vu le peu d'importance des cotisations, on se rattrape facilement. Je suppose que vous versiez pendant trois ans à raison de 0 fr. 50 par mois, cela fera 18 francs. Bien. Voilà trois ans que vous êtes en bonne santé, vous commencez à trouvez que vous avez versé inutilement vos cotisations, et voilà qu'au commencement de la quatrième année vous tombez malade pendant 30 jours : cela vous donne droit à 1 franc par jour, le médecin payé. Vous touchez donc 30 francs ; vous avez touché 12 francs de plus que vous n'aviez versé. D'où avantage de la mutualité.

« La seconde raison, c'est qu'en vous associant vous rendez service à vos parents. Ceux-ci n'ont pas toujours, lors de la maladie, l'argent nécessaire pour vous donner des soins ; quelquefois les parents retardent le plus possible le moment d'appeler un docteur, de sorte qu'un malaise anodin, pris à temps, devient, lorsqu'il est négligé, excessivement grave et coûteux à guérir. Avec la mutualité rien de ceci n'arrive. Vous n'avez pas de visites à payer au médecin, sa présence immédiate est demandée et la guérison est plus rapide.

« Vous me direz peut-être : « Mais comment ferai-je pour trouver « l'argent nécessaire au versement des cotisations ? » A cela, je répondrai : « Mes enfants, vous n'êtes pas sans recevoir chaque semaine « quelque monnaie de vos parents pour vos menus plaisirs, pour « acheter quelques friandises ? Eh bien ! vous économiserez un bonbon, « une tablette de chocolat, et vous aurez ainsi ce qui vous sera « nécessaire pour votre paiement ; les jeunes filles qui commencent à « gagner sacrifieront un ruban, une parure, et, avec ces cinquante « centimes par mois, vous serez à l'abri des frais onéreux que peut « occasionner une maladie. De plus, il y a dans ce service rendu à « vos parents une question de dignité personnelle : vous serez fières « d'avoir contribué par votre économie à calmer l'inquiétude si grande « déjà que vos parents ont pour votre avenir. Vous aurez également,

« si par bonheur vous n'êtes jamais malade, rempli votre devoir de
« chrétiennes, votre devoir social, en rendant service par vos cotisa-
« tions à vos compagnes qui, moins heureuses, peuvent avoir besoin
« d'un secours temporaire. »

« Maintenant, je vais vous dire une énormité : je vais vous parler
d'une calamité à laquelle on ne pense guère à votre âge : c'est la vieillesse. Oui, la vieillesse, c'est une maladie affreuse et c'est bien la plus
mauvaise de toutes, puisqu'à celle-là il n'y a point de remède, puisqu'elle empêche tout travail, qu'elle enlève toute force, toute énergie.

« La mutualité, qui a pour but de parer à la maladie, a aussi pour
but de parer à la vieillesse et pour cela il y a des tarifs spéciaux. On
verse pour se faire une retraite. C'est un sujet qu'on ne peut aborder
trop tôt. Les personnes qui veulent se faire une retraite à 50 ans et au-
delà doivent verser des sommes considérables pour avoir quelques
rentes. Quand on est jeune, au contraire, les versements deviennent
presque insignifiants.

« C'est pourquoi je viens vous dire : ne vous étonnez pas si Mlle Rémy
vous parle de caisse de retraites. Le livret a ceci de bon, c'est que
si, au sortir de l'école ou dans la suite, vous oubliez de faire vos
versements, vous serez toujours à même, quand bien même il y aurait
10 ou 15 ans d'interruption, de recommencer les versements, de
continuer votre retraite ; l'argent versé n'a fait que produire des
intérêts que vous retrouverez toujours et que vous serez étonnés de
voir progresser en proportion des sommes peu importantes que vous
aurez payées. Vous avez avantage à vous mettre de la mutualité-maladie,
avantage à vous mettre à la caisse de retraites. De tout cela, il résulte
que vous demanderez à Mlle Rémy de vous inscrire à la section
mutualité et vous, Mesdames, si quelques-unes d'entre vous désirent
en faire partie, vous lui demanderez tous renseignements détaillés
dont vous aurez besoin.

« La Mutualité Versaillaise et de Seine-et-Oise prend les familles,
c'est-à-dire les hommes, les femmes et les enfants. Pour les nombreuses
familles elles font des avantages considérables. Dans nos nouveaux statuts, il y aura un tarif réduit jusqu'à quatre enfants et au-delà ; pour.le 5ᵉ,
le 6ᵉ, le 7ᵉ et les autres, nul versement ne sera fait, bien que tous les
enfants de la famille aient droit aux avantages qu'offre la Mutualité.

« Ainsi, j'ai à la section Notre-Dame à Versailles une famille dont la
mère a 7 enfants au-dessous de 16 ans. La mère de famille paie 0 fr. 50
par mois ; les enfants paient avec nos anciens statuts 0 f. 25 par mois
en tout. La mère et les sept enfants paient 13 francs par an. Eh bien !
pour ces 13 francs par an, voilà ce qu'on leur donne si cela est nécessaire. La mère de famille a droit à 60 jours de maladie à 1 franc.
Chaque enfant à 60 jours à 0 f. 50, soit, pour les sept, 210 francs ; en
tout, la mère et les enfants reçoivent 270 francs. Vous voyez, par
conséquent, combien la mutualité peut rendre de services. Nous
donnons également un secours de maternité actuellement de 50 francs
qui sera porté à 60 francs le 1ᵉʳ janvier prochain.

« Je vous remercie d'avoir apporté une si grande attention à mes
paroles. Je vous demande maintenant de les répéter à vos parents et
de vous faire ensuite inscrire nombreuses à Mlle Rémy, 5, rue de
la République. »   L. LÉCUYER.

Un grand Concert

On lit dans le *Semeur* :

« La soirée artistique organisée par le *Trait d'Union* le dimanche 17 mai, en l'honneur et au profit de la fanfare, a certainement contenté les plus difficiles. Le programme attrayant avait attiré, dès 8 heures, une foule élégante et distinguée, en un mot le public des grands jours.

« Cette soirée eut lieu sous la présidence de M. le chanoine Duchemin, curé-doyen.

« Nous ne manquerons pas de féliciter Mme Renault, bonne artiste, qui s'est fait applaudir dans deux morceaux dont *La Fille du Régiment*.

« Mlle Nerdinger, des Grands Concerts, a eu un joli succès dans *La Vie de Bohême*, de Puccini, une gavotte de *Manon* et dans le trio final de *Faust*, où elle partagea les applaudissements avec MM. Le May et Favréaux.

« Mlle Brard, violoncelliste émériste, s'est vu rappeler quatre fois après l'exécution d'une fantaisie de Popper ; nous aurions aimé l'entendre à nouveau dans la seconde partie.

« Mlles Mertz et Rabelle se sont taillées des succès dans quelques airs bien chantés et quelques poésies fort bien dites.

« Nous avons eu également la bonne fortune d'entendre M. Henri Gaisser, accompagné par le compositeur Danty.

« Le sympathique directeur des *Lectures Populaires* a connu sur notre scène ce que peut donner l'enthousiasme d'un public qui se sent conquis. L'interprétation que M. Gaisser a donné à de vieilles chansons, nous a fait revivre en des minutes trop courtes, hélas ! le bon vieux temps d'autrefois.

« La diction et la musique de M. Henri Gaisser ont triomphé dimanche.

« M. Marcel Le May a une voix agréable ; ses deux airs de la *Damnation de Faust* de Berlioz lui ont valu un beau succès. Il fut surtout très bon dans le trio final de *Faust*.

« M. Albert Favréaux est de chez nous ; nous le connaissons et ne manquons pas de lui dire encore avec quelle satisfaction nous l'avons entendu dimanche dernier. Il s'est prodigué et personne ne s'en est plaint, au contraire ; l'invocation de *Werther* fut chantée comme l'aurait désiré Massenet lui-même et son appoint dans *La Fille du Régiment*, *Les Pêcheurs de Perles* et le trio de *Faust*, nous montre à quel point il est devenu artiste.

« M. Foucault a très bien donné des vieilles chansons militaires, et son costume de garde française lui allait à ravir.

« M. Gourguechon a mis la note comique dans ce concert et a clôturé la seconde partie par *Les Orphéonisses* de P. Courtois. Cette scène jouée avec 25 orphéonistes fit un grand effet. Nous devons féliciter l'accompagnateur M. P. Pannesay, maître de chapelle, qui s'est joué des difficultés que lui offraient les rappels des artistes.

« La fanfare du *Trait d'Union* s'est fait entendre au cours de cette soirée et nous sommes une fois de plus appelés à constater les réels progrès de cette phalange de musiciens.

« Au milieu de la soirée, M. l'abbé Chavanet fit, en un discours très éloquent, l'éloge des œuvres de jeunesse catholique en général et de celle de M. l'abbé Lebourg en particulier. Il fut très applaudi.

« Ce fut encore une belle soirée artistique et bienfaisante où l'on fit une fois de plus du bien en se récréant. »

L'UNION CATHOLIQUE DU PERSONNEL DES CHEMINS DE FER

Pour faire connaître cette œuvre et y intéresser ceux qui l'ignorent.
(Suite et fin)

Pour bien marquer l'importance de ces heureux débuts, S. Em. le Cardinal Richard, archevèque de Paris, voulut nommer le *directeur général* de cette œuvre naissante et daigna s'en déclarer lui-même le *protecteur* et l'*ami dévoué*. Bien qu'elle fût limitée encore à Paris et à sa banlieue, il semblait déjà qu'un lien matériel fût nécessaire entre ses membres pour s'ajouter aux liens spirituels qui les unissaient déjà. On annonce la création d'un *Bulletin*. Cette fois encore, j'élevai des objections. Je ne voulais pas accepter sans réserves la lourde charge qu'on m'offrait, à moi, pauvre vicaire des environs de Paris. Comme j'exprimai mes hésitations d'ordre financier, un des assistants se leva et me demanda qu'elle somme m'était nécessaire pour tenter un essai. Comme je répondais que 1.000 francs me paraissaient raisonnables, il m'annonça qu'un chèque de cette valeur serait le soir même à ma disposition. Le Sacré-Cœur intervenait trop visiblement : Je n'avais qu'à m'incliner.

« Je vous l'ai dit, jusqu'alors les membres de notre Union appartenaient tous ou presque tous au département de la Seine, et nous ne songions guère, nous, simple groupe d'adorateurs parisiens de Montmartre, à la possibilité de rayonner en Province et d'étendre notre action. Or, en 1899, nous eûmes l'idée d'envoyer une délégation à Lourdes pour mettre notre œuvre sous la protection de la Sainte-Vierge.

« Sept de nos camarades s'y rendirent et assistèrent aux fêtes du Pèlerinage national, sous les plis du drapeau que nous avait offert le P. Lemius. Autour de l'image du Sacré-Cœur, ce drapeau porte en grandes lettres d'or notre titre. Il fut remarqué par trois employés de chemins de fer, qui, eux aussi, mais individuellement, étaient venus rendre hommage à la Vierge, l'un d'Ambérieu, l'autre du Havre, le troisième d'Epernay. Ils prièrent notre porte-drapeau de les renseigner sur le groupement qu'il représentait. Et celui-ci fut si éloquent, si persuasif, qu'à chacun de ses interlocuteurs l'idée vint de réunir les catholiques de sa section en une association corporative et religieuse, établie sur le modèle de l'association de Paris. L'idée fut mise à exécution.

« Aux pieds de la Sainte Vierge, notre œuvre était devenue française ».

II. — Ses Développements

— Dès ce moment, il faut renoncer à suivre pas à pas les progrès de l'Union. Ils se sont d'ailleurs accomplis sans bruit, mais avec une constance qui ne s'est pas démentie un seul instant. Nos groupes, tous dirigés par un prêtre, *couvrent maintenant la France entière*, très vivants, très unis, vaillamment chrétiens. Leurs réunions sont essentiellement intimes, et l'agitation du dehors ne les trouble pas. Si, d'autre part, elles évitent d'attirer sur elles l'attention par une réclame dangereuse, elles n'en poursuivent pas moins une œuvre de conquête très féconde.

Ne croyez pas surtout que leur réserve soit le fait du respect humain. Nos adhérents manifestent ouvertement leurs convictions en quelques occasions solennelles, et je vous assure que rien n'est consolant pour le cœur d'un prêtre comme ces manifestations-là.

C'est d'abord, tous les ans, la **nuit d'adoration à Montmartre**. La foule des unionistes remplit la vaste Basilique, priant pendant de longues heures, sans lassitude et sans ennui. Au matin, tous, d'un commun accord, s'approchent du Sacrement eucharistique, puis consacrent leur œuvre, leur personne, leur famille au Sacré-Cœur.

C'est aussi, tous les ans, la *fête patronale de chaque groupe*, où ses membres, en uniforme, bannière au vent, se rendent à l'église en corps pour y entendre la messe. Puis, le banquet, une assemblée d'étude et une séance récréative forment généralement tout le programme de ces fêtes de groupes.

Ce sont les splendides *fêtes régionales, les bénédictions solennelles des drapeaux des groupes*, généralement présidées par Nos Seigneurs les Evêques ou Archevêques des diocèses où se sont formés nos groupes.

C'est enfin, depuis six ans, le magnifique et fécond mouvement d'où sont sortis nos pèlerinages à Paray-le-Monial, à Lourdes, à Sainte-Anne d'Auray, à Fourvières, à Ars, etc.

En 1909, nous sommes allés à Rome demander au Souverain-Pontife comme une sorte de confirmation de notre Œuvre. Les journaux du monde entier ont raconté, non sans étonnement, la splendeur du *Pèlerinage des Cheminots français* à Rome. Le succès dépassa toutes les espérances : nous étions *812 hommes* aux pieds de Pie X, dans l'inoubliable audience du 25 mai 1909 ! *812 hommes des chemins de fer* et plus de *cent drapeaux*. Ce fut un évènement capital dans notre histoire et qui a eu un retentissement énorme.

Depuis le *Pèlerinage de Rome*, notre chère Œuvre s'est hardiment placée à la tête des œuvres d'hommes franchement, nettement catholiques. Ses conquêtes sont merveilleuses et augmentent de jour en jour.

Je ne puis ajouter qu'une chose : c'est que la vie de nos groupes est le commentaire fidèle, incessant, vaillant de nos statuts.

(Fin.)

OFFICE SOCIAL DE PLACEMENT GRATUIT

Ouvert les Mardis et Vendredis de 9 h. 1/2 à 11 h. 1/2 et le Dimanche de 10 h. à 11 h.

9, Rue Armagis, 9

OFFRES

Bonnes à tout faire, (472-473-474-476-479-497-498-499-505-508). — Ménage domestique, (478). — Garçons de magasin, (481-509). — Cuisinières, (484-485). — Concierge (490). — Femme de chambre, (503). — Domestique, (504).

DEMANDES D'EMPLOI

Bonnes à tout faire, (468-475-477-494-496). — Femmes de ménage, (471-480-483-487-491-492-502-506). — Cuisinière, (482). — Valet de chambre (486). — Garde de propriété, (493). — Femme de chambre, (501). — Apprenti plombier, (507).

Le Gérant : L. DUCHEMIN.　　　Imp. Mirvault. - St-Germain-en-Laye

3° *Conférences Saint Vincent de Paul.* Visiter et soulager les pauvres à domicile.
a) La Grande Conférence (pour les Messieurs), le jeudi, rue Armagis, 9, à 8 h. 1/2 du soir. Président : M. Spiral.
b) La Petite Conférence (pour les Ouvriers), le jeudi, rue Armagis, 9, à 8 h. 1/2 du soir. Président : M. Tillier.
c) Conférence Saint Joseph (pour les Jeunes Gens), le vendredi, à 8 h. 1/2 du soir, à l'Ecole Saint Augustin.
4° *Confrérie du T. S.-Sacrement* pour les hommes. Directeur : M. le Curé.
5° *Tiers-Ordre de Saint François.* Président de la Fraternité : M. Lejongleux.
6° *Cercle d'Hommes.* Jeudi à 8 h. 1/2, rue Armagis, 9. Directeur : M. l'abbé Lequais,
7° *« Amicale » des Anciens Elèves de l'Ecole Saint Augustin.* Président : M. Gervais.
8° Section N. D. de Bon-Retour de l'Union Catholique des Employés de chemin de fer. Directeur : M. le Curé. Sous-Directeur : M. l'abbé Coüard.
9° Section des Employés du Commerce et de l'Industrie. Président : M. H. Lécuyer.

B) Œuvres de Jeunes Filles.

1° *Œuvres de piété :*
a) Association des Enfants de Marie. Réunion, en principe, le premier dimanche de chaque mois, à 7 h. 3/4, à la chapelle Sainte Anne, et, après vêpres, pour la procession de la Sainte Vierge. Avoir au moins 15 ans. Présidente : Mlle S. Langlet. Directeur : M. l'abbé Coüard. — b) Association des Saints Anges (préparation à l'Association des Enfants de Marie). A partir de l'âge de la 1re communion jusqu'à 14 ans. Réunion le 1er dimanche, après vêpres, pour la procession de la Sainte Vierge ; le 3e dimanche, à 7 heures 3/4, pour la messe, à la chapelle Sainte Anne. Directeur : M. l'abbé Lequais.
2° *Œuvres de persévérance :*
a) Patronage Sainte Agnès. Reçoit les enfants de 7 ans au moins. Réunion, tous les dimanches de 1 h. 1/2 à 5 h. 1/2, rue d'Hennemont, 5, et le jeudi de 1 h. à 5 h., rue Schnapper, 2. Présidente : Mlle Langlois ; Directrice : Mlle S. Langlet ; Directeur : M. l'abbé Coüard.
3° *Œuvres sociales :*
a) Œuvres des apprenties. — b) Œuvre du trousseau. — c) Ouvroir Sainte Émilie. Lingerie, couture, broderie d'art. — d) Ouvroir Saint Joseph. Directrice : Mlle de Croisilles. — e) Association catholique internationale des Œuvres de Protection de la Jeune Fille (P. D. L. J. F.). Correspondante : Mlle Le Bris, Maison de Saint Thomas de Villeneuve, rue des Louviers, 15. Directeur : M. l'abbé Coüard.
4° *Œuvres d'études :*
a) Conférences aux Dames et aux Jeunes Filles : le 3e dimanche de chaque mois, de novembre à mai, à 9 h., dans la chapelle Sainte Anne (conférences publiques). Conférencier : M. l'abbé Lequais. — b) Catéchisme de persévérance. Cours suivi, avec comptes rendus, revus et notés par les Directeurs. La valeur de ces travaux et l'assiduité sont récompensées par des prix. Directeurs : MM. les abbés Coüard et Lequais. — c) Cercle d'études. Travaux préparés, présentés et discutés par les membres du Cercle. Directeurs : MM. les abbés Coüard et Lequais.
Les cotisations pour ces œuvres sont recueillies par : Mlles Auffant, Mme A. Moisson et Mlle S. Langlet.

C) Œuvres des Dames.

1° Confrérie du Saint Rosaire. Présidente : Mlle Auffant. Directeur : M. l'abbé Marquer.
2° Confrérie du Sacré-Cœur. Présidente : Mme Renault. Directeur : M. l'abbé Coüard.
3° Association des Mères chrétiennes. Présidente : Mme Leroux. Directeur : M. le Curé.
4° Confrérie du Très Saint Sacrement. Présidente : Mme Strolz. Vice-Présidente : Mme Peigney ; Directeur : M. le Curé.
5° Confrérie du Rosaire vivant. Présidente : Mlle de Roquebeau. Directeur : M. l'abbé Marquer.
6° Tiers-Ordre de Saint François. Présidente de la Fraternité : Mme Happe.
7° Œuvre des Tabernacles. Présidente : Mme la comtesse Yvert. Directeur : M. le Curé.
8° — des Pauvres-Malades. Présidente : Mme Vuillemin. Directeur : M. le Curé.
9° — des Pauvres-Vieillards. Présidente : Mme Strolz. Directeur : M. le Curé.
10° — des Apprenties de Saint Louis de Gonzague. Directeur : M. le Curé.
11° Association des Dames catéchistes.
12° Ligue patriotique des Françaises. Présidente : Mme Happe. Aumônier : M. l'abbé Lequais.
13° Œuvre du Vestiaire des Pauvres. Directrice : Mlle Jollivet.

D) Œuvre des Enfants.

Pour faire la première Communion privée, *il est nécessaire :*
1° De demander et d'obtenir la permission du Confesseur ;
2° D'en avertir auparavant M. le Curé quand l'enfant ne se confesse pas à un prêtre de la Paroisse ;
3° De passer un examen sur les principales vérités de la Religion.
4° De fournir l'acte de baptême de l'enfant :
5° De présenter un certificat des parents, autorisant leur enfant à faire la Communion privée et s'engageant à l'envoyer au catéchisme jusqu'à sa première communion solennelle. Directeur : M. l'abbé Mazier

E) Association Ste Marthe pour les Domestiques

Présidente : Mme M. Froissard. Directeur : M. le Curé.

IX — Œuvres générales.

Sainte-Enfance. Présidente : Mlle Guerrier. Directeur : MM. les abbés Coüard et Lebourg.

Propagation de la Foi. Présidente : Mme Vuillemin Directeur : M. l'abbé Marquer.

Œuvre de Saint François de Sales. Directeur : M. l'abbé Lequais.

Société des Propriétaires Chrétiens. Secrétaire : M. l'abbé Piquepé.

Comité de la Bonne Presse. Directeur : *M. le Curé.*

Comité des Ecoles libres. Président : *M. le Curé.*

Bibliothèque paroissiale, 9, rue Armagis.

Mutualité de Saint François-Xavier. Président : M. Tillier.

Mutualité. Filiale de la Mutualité de Versailles. Présidente : Mlle Rémy.

Œuvre des Ecoles d'Orient. Présidente : Mme Leroy ; Directeur : M. l'abbé Marquer.

Œuvre de l'Adoption. Présidente : Mme Ravinet ; Directeur : *M. le Curé.*

Œuvre des Vocations. Directrice : Mme Vuillemin.

Œuvre des Compagnes. Directrice : Mme Vuillemin.

X — Catéchismes

Persévérance :

Jeunes gens : le mercredi, de 8 h. à 9 h., à l'école St Augustin, rue Grande-Fontaine ; le jeudi, de 1 h. à 2 h., à la chapelle Sainte Anne.

Jeunes filles : tous les dimanches (3e excepté), de 9 h. à 10 h., à la chapelle Sainte Anne.

Première Communion :

Garçons : lundi et vendredi, à l'école St Augustin, de 8 h. à 9 h. ; lundi et vendredi, à la chapelle Sainte-Anne, de midi 1/2 à 1 h. 1/4.

Filles : lundi et vendredi, à l'école Ste Marie, rue d'Hennemont, de 8 h. à 9 h. ; mardi et vendredi, à la chapelle Sainte Anne, de midi 1/2 à 1 h. 1/4.

Préparation :

Garçons : lundi, à l'école St Augustin, de 8 h. à 9 h. ; lundi, à la chapelle Sainte Anne, de midi 1/2 à 1 h. 1/4.

Filles : vendredi, à l'école Ste Marie, de 8 h. à 9 h. ; mardi à la chapelle Sainte Anne, de midi 1/2 à 1 h. 1/4.

Petits enfants de 5 à 9 ans :

Enfants libres et Enfants des écoles communales. *Garçons et filles :* le jeudi, dans la chapelle Sainte Anne, à 1 h. 1/4.

Enfants de l'école Ste Marie : le mardi, à 8 h.

Enfants de l'école St Augustin : le lundi, à 8 h.

Maisons Recommandées

ALAIN (Anc. Maison Paul), Vve LORY, Succr, 3 et 4, rue du Vieil-Abreuvoir. — Fournisseur de la Maison des Loges. — Ameublements complets, Tapisserie, Sièges et Tentures. — Fabrique et Réparations de Meubles. — Achat de Mobiliers, Glaces, Literie, etc.

André (M.), 28, rue du Vieux-Marché. — Horlogerie, Bijouterie.

Arsal-Poisot, 6, place de la Paroisse. — Fleurs naturelles.

Aubry (Mlle), 12, rue de Lorraine. — Cours de musique.

Avenier (J.), 6, rue Wauthier. — Salle d'armes.

Babouard, 14, place du Château. — Avocat-Conseil.

Barrois (F.), 7, rue d'Hennemont. — Assurances Vie, Accidents, Incendie, etc.

Bignault (E.), 6, place du Château. — Restaurant.

Blanchet (Mme), 18, rue de Mareil. — Poissonnerie.

Bourdon, 16. rue de Paris. — Parapluies.

Bourrier (Jules), 1, rue au Pain. — Vins et Liqueurs.

Boyer (R.), Fils, 70, rue de Paris. — Autos et Cycles.

Breuillier (Léon), 21, rue de Poissy. — Assurances.

CHALINE (A.), 31, r. de la République. — Chaussures sur mesure. — Réparations en tous genres.

Chaput et Daguet, 7, rue Charles-Rhôné. — Entrepreneurs.

Chapuzet (A.), 5, rue de la Paroisse. — Boulangerie, Patisserie.

Chateau (Mlle), 1, rue de la Surintendance. — Agence de location.

Comte (Mlle), 10, rue Thiers. — Pension de famille « Jeanne d'Arc ».

Cordellier, 19, rue de Paris. — Cycles.

Damoy (Julien), 15, rue du Vieux-Marché. — Produits alimentaires de premier ordre. (Téléph. N° 457).

Darcieux, 80, rue de Paris. — Sellerie.

Delanoue (H.), 56, rue de Paris. — Pharmacie.

Delimoges (Mme), 35, rue du Vieux-Marché. — Herboristerie.

Denis, 9, rue de Poissy. — Cordonnerie.

Denis (P.), 4, rue de Tourville. — Manège.

Detors-Ledoux, 1, rue de la Procession. — Poissonnerie.

Dijou (E.), 1, rue du Vieux-Marché. — Epicerie.

DUBOIS (Mme Vve), 26, rue du Vieil-Abreuvoir. — Entretien de ménages. — Couture et raccommodages. — Fait des après-midi de 1 h. à 7 h. ; prix : 0 fr. 35 de l'heure. — *Recommandée*.

Dujardin (G.), 41, rue au Pain. — Epicerie.

Ehinger (Romain), 41, rue de Paris. — Horlogerie.

Eulliot (E.), 7, rue des Coches. — Ameublement.

Faille et Reinhardt, 53, rue au Pain. — Electricité.

FÈVRE (Mme), 3, rue de la Paroisse. — Sage-femme de 1re classe, Faculté de médecine de Paris. Consultations tous les jours, de 1 heure 1/2 à 3 heures. Prend des pensionnaires.

GALLAIS (J.), 4, rue de Pontoise, — Bois de chauffage. Charbon de bois et de terre de 1re qualité. Coke et anthracite.

GARNIER (Mme), 8, rue Ducastel. — Dessins, Broderies, Chiffres et Ecussons. Broderies artistiques d'ameublement.

Gilbert, 27, rue de Pologne. — Faïences et Cristaux.

Guerrier (Mlle), 42, rue Voltaire. — Cours d'enseignement.

Happe (A.), 73 bis, rue de Pologne. — Bois et Charbons.

Hébert, 34, rue de Pologne. — Comptoirs français.

Houlet, 16, rue de Poissy. — Crémerie.

Jousset, 18, rue au Pain. — Confiserie.

Keyzlar, 1, place du Château. — Tailleur.

Keyzlar (R.), 27, rue du Vieil-Abreuvoir. — Tailleur.

Larroque, 5, rue de la République. — Défenseur judiciaire.

Leblanc (P.), 24, rue des Louviers. — Brosserie.

Lecestre, 4, place de la Paroisse. — Chocolats, Confiserie.

Le May, 25, rue du Vieux-Marché. — Nouveautés, Confections.

Larchevêque, 71 bis, rue de Poissy. — Bois et Charbons.

LOUDOT, 27, rue de Mareil et rue du Gast. — Vins. Aux Grandes Caves de France. Ancienne Maison Déjay.

Malézieux, 111, rue de Pologne. — Assainissements.

MANGIN (Mson), 4, r. de la République. — Blanchissage et Glaçage Américain de Faux-Cols, Manchettes et Plastrons. — Papeterie de luxe et Articles religieux.

Mansion, 46, rue de Mareil. — Photographie.

Maresquier (Ch.), 13, rue au Pain. — Pâtisserie.

Marinet, 27, rue de Paris. — Produits alimentaires.

Mathey, 27, rue du Vieil-Abreuvoir. — Maître d'Hôtel.

Mirvault, 71, rue au Pain. — Librairie, Papeterie, Imprimerie.

Miss (Georges Fils), 84, rue de Pologne. — Monuments funèbres.

NORY (G.), 56, rue de Mareil. — Horticulteur. Entrepreneur de Jardins. Fournitures de Plantes et Arbustes d'ornement pour massifs. Bouquets, Gerbes, Fleurs coupées et Corbeilles de tables. (Ancienne maison Thierry.)

Opoix, 11, rue de Poissy. — Pharmacie.

PAILLARD, 46, rue de Poissy. — Lait, Beurre, Œufs, Fromage. Livraison à domicile.

Penot et **Duperrier**, 78, rue de Pologne. — Entrepreneurs.

Person (E.), 14, r. de Breuvery. — Assurances.

PHÉNIX (au), Maison **JOUET** et **GÉRARD**, 19, rue du Vieux-Marché. — Chaussures.

Pompes funèbres générales, 35, rue du Vieux-Marché.

Renard (G.), 50, rue de Poissy. — Boucherie.

Renault (Mme), 30, rue de Poissy. — Bazar.

Rogier (Mme), 38, rue au Pain. — Teinturerie.

Roumilly (Frères), 6, route de Versailles. — Négociants en vins.

Roux (René), 2, rue du Belloy, Carrières-sous-Bois. — Laiterie.

Schiltz et A. Levril, 14, rue de la République. Électricité.

Semprez (H.), 18, rue de Pologne. — Boulangerie.

Sénart (Aug.), 5, rue d'Ayen. — Négociant en vins.

Société générale, 2, rue de la République. — Banque.

Société d'électricité, 31, rue de Paris.

TAUGOURDEAU (E), 32 et 34, rue de Poissy. — Horloger de la Ville. Horlogerie, Bijouterie, Orfèvrerie. Réparations en tous genres. Maison la mieux assortie, défiant toute concurrence par ses prix.

Toquet (L.), 10, rue du Vieil-Abreuvoir. — Fumisterie.

Tramblay (H.), 35, rue au Pain. — Pharmacie.

Tullat (A.), 2, rue du Vieux-Marché. — Deuil.

Union Commerciale, 50, rue de Paris, et 39, rue de Pologne. — Produits alimentaires.

Vacher (E.), 35, rue de Paris. — Produits alimentaires.

Zani (Fils), 17, rue Armagis. — Fumisterie.

Portraits d'Art MANSION

3, Rue de Paris -:- 46, Rue de Mareil
SAINT-GERMAIN-EN-LAYE

TOUS TRAVAUX PHOTOGRAPHIQUES
SOINS EXTRÊMES -- PRIX MODÉRÉS